# LE LIVRE DES ENFANTS SAGES.

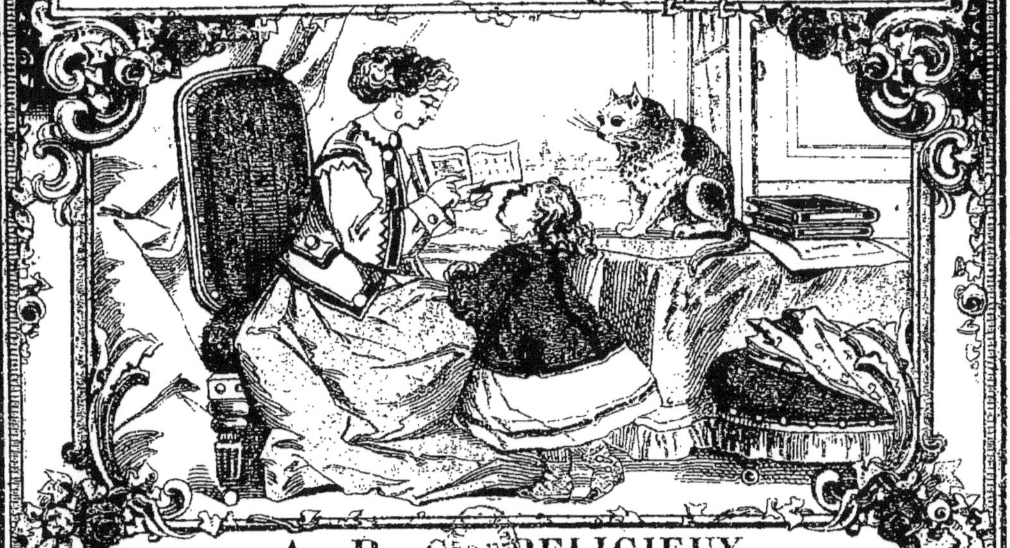

## A B C RELIGIEUX.

CH. PINOT édit. à Épinal.

Déposé.

Je soussigné déclare avoir l'intention
d'imprimer pour mon compte sans
changement un ouvrage ayant pour
titre : Livre des Enfants sages, A.B.C. Religieux
que je me propose de tirer à 1000
exemplaires en une feuille imprimée
formant in 16.

Épinal le 14 mars 18

DÉPÔT LÉGAL
Vosges.
N° 28
1874

ABCDEFGHI
JKLMNOPQ
RSTUVXYZ
1234567890

**LE BON ANGE GARDIEN**
conduit les pas de l'enfant sage
**ET LE PROTÉGE**
CONTRE LES PIÉGES DU DÉMON
ET DU SERPENT.
Il lui apprend à aimer le
**BON DIEU** et à respecter ses **PARENTS**.

L'Ange Gardien.

# LA SAINTE FAMILLE.

## L'ENFANT JÉSUS, LA S$^{te}$ VIERGE ET S$^t$ JOSEPH.

### S$^t$ JOSEPH PÈRE ADOPTIF
**DU PETIT JÉSUS**
PROTÉGE SON ENFANCE.

La Sainte Famille

# ADORATION DU MOIS DE MARIE.

VOICI LE MOIS DE MAI, couvrons de fleurs l'autel de la bienheureuse **Vierge Marie Mère de Dieu**, célébrons par nos cantiques sa puissance et sa gloire immortelles.

Le Mois de Marie

## VOYEZ LE DOUX JÉSUS
### MARCHANT AU SUPPLICE
### ET TOMBÉ SOUS SA CROIX.

**LA S<sup>te</sup> VIERGE SA MÈRE**
et les saintes femmes
le suivent en pleurant.
Les méchants vont le faire mourir.

Le Portement de Croix.

## LE SOMMEIL DU PETIT JÉSUS.

**L'ENFANT JÉSUS** s'est endormi DANS LES BRAS DE LA S.<sup>te</sup> VIERGE. **LE PETIT S.<sup>t</sup> JEAN-BAPTISTE** veut le caresser; mais la **Sainte Vierge** lui fait signe de respecter son sommeil.

Le Sommeil de Jésus.

# GLOIRE A DIEU
## AU PLUS HAUT DES CIEUX.
## LES SAINTS ANGES ADORENT
# LE TRÈS S.ᵗ SACREMENT.

## ILS CHANTENT LES LOUANGES
## ET LA GLOIRE
# DE JÉSUS-CHRIST.

Adoration du T. S. Sacrement.

Jésus sur la Croix

www.ingramcontent.com/pod-product-compliance
Lightning Source LLC
Chambersburg PA
CBHW070449080426
42451CB00025B/2033